Contes Enchantés: Contes Bilingues Anglais-Français pour Enfants

Artici Kids

Published by Artici Kids, 2024.

While every precaution has been taken in the preparation of this book, the publisher assumes no responsibility for errors or omissions, or for damages resulting from the use of the information contained herein.

CONTES ENCHANTÉS: CONTES BILINGUES ANGLAIS-FRANÇAIS POUR ENFANTS

First edition. June 22, 2024.

ISBN: 979-8227303219

Written by Artici Kids.

Table of Contents

The Wacky Inventions of Professor Puddlejumper

In the bustling town of Bumbleville, there lived a delightfully eccentric inventor named Professor Puddlejumper. His workshop, a quirky old windmill on the edge of town, was filled with all sorts of contraptions and gizmos. From flying teapots to walking umbrellas, Professor Puddlejumper's creations were the talk of the town.

One sunny morning, Professor Puddlejumper had a brilliant idea. He decided to invent something that would make everyone in Bumbleville laugh. After all, he believed that laughter was the best medicine. With a twinkle in his eye and a bounce in his step, he rushed to his workshop, ready to bring his idea to life.

He began by gathering his favorite materials: colorful feathers, shiny buttons, and springs of all sizes. He tinkered and toiled, scribbling down notes and humming a cheerful tune. After hours of hard work, he finally stepped back to admire his creation.

It was a pair of the most extraordinary shoes anyone had ever seen. They were bright, sparkly, and had enormous springs attached to the soles. "I shall call them Giggle Boots!" Professor Puddlejumper declared with glee.

Eager to test his invention, he slipped on the Giggle Boots and bounced around the workshop. With each step, the boots let out a funny noise—a honk, a whistle, or a squeak. Professor Puddlejumper laughed so hard that tears streamed down his face.

"Time to share the joy!" he exclaimed, bounding out of his workshop and into the streets of Bumbleville. As he bounced along, people stopped and stared, their puzzled expressions quickly turning to smiles and then to laughter. Children giggled, and even the grumpy old postman chuckled.

Word of the Giggle Boots spread like wildfire. Soon, everyone in Bumbleville wanted a pair. Professor Puddlejumper was delighted. He spent day and night making more Giggle Boots, each pair more colorful and noisy than the last.

One day, as he was putting the finishing touches on a new batch of boots, a young girl named Lily knocked on his door. "Hello, Professor Puddlejumper. I love your Giggle Boots, but my little brother Tom can't wear them. He uses a wheelchair, and the springs won't work for him. Can you help?"

The professor's heart melted at Lily's words. "Of course, my dear! I shall invent something special for Tom." He scratched his head, deep in thought, and then his eyes lit up. "I know just the thing!"

He set to work immediately, crafting a device that could attach to Tom's wheelchair. It was a small, cheerful box with colorful buttons and a speaker. Every time Tom pressed a button, the box would play a funny sound or tell a silly joke.

Lily and Tom visited the workshop the next day. "Here you go, Tom! I call it the Gigglerator," Professor Puddlejumper said proudly.

Tom's eyes sparkled with excitement. He pressed a button, and the Gigglerator let out a loud, honking noise. Tom burst into laughter, and soon Lily and the professor joined in.

With the Gigglerator, Tom felt included in the fun, and everywhere he went, laughter followed. Professor Puddlejumper's heart swelled with happiness as he watched the joy his inventions brought to the people of Bumbleville.

From that day on, Professor Puddlejumper continued to invent marvelous, whimsical gadgets that made people laugh. And Bumbleville was never the same—it was a town filled with joy, laughter, and the magic of Professor Puddlejumper's wacky inventions.

Les Inventions Loufoques du Professeur Puddlejumper

Dans la ville animée de Bumbleville, vivait un inventeur délicieusement excentrique nommé Professeur Puddlejumper. Son atelier, un vieux moulin à vent pittoresque à la périphérie de la ville, était rempli de toutes sortes de gadgets et de bidules. Des théières volantes aux parapluies marcheurs, les créations du Professeur Puddlejumper faisaient parler de lui dans toute la ville.

Un matin ensoleillé, le Professeur Puddlejumper eut une idée brillante. Il décida d'inventer quelque chose qui ferait rire tout le monde à Bumbleville. Après tout, il croyait que le rire était le meilleur remède. Avec une étincelle dans les yeux et un bond dans le pas, il se précipita dans son atelier, prêt à donner vie à son idée.

Il commença par rassembler ses matériaux préférés : des plumes colorées, des boutons brillants et des ressorts de toutes tailles. Il bricolait et peinait, prenant des notes et fredonnant un air joyeux. Après des heures de dur labeur, il recula enfin pour admirer sa création.

C'était une paire des chaussures les plus extraordinaires que l'on ait jamais vues. Elles étaient brillantes, étincelantes, et avaient d'énormes ressorts attachés aux semelles. "Je vais les appeler les Bottes à Rire !" déclara le Professeur Puddlejumper avec joie.

Impatient de tester son invention, il enfila les Bottes à Rire et rebondit dans l'atelier. À chaque pas, les bottes émettaient un bruit amusant — un klaxon, un sifflement ou un couinement. Le Professeur Puddlejumper riait tellement que des larmes lui coulaient des yeux.

"Il est temps de partager la joie!" s'exclama-t-il, bondissant hors de son atelier et dans les rues de Bumbleville. Alors qu'il rebondissait, les gens s'arrêtaient et regardaient, leurs expressions perplexes se transformant rapidement en sourires, puis en rires. Les enfants gloussaient, et même le vieux facteur grincheux riait.

La nouvelle des Bottes à Rire se répandit comme une traînée de poudre. Bientôt, tout le monde à Bumbleville en voulait une paire. Le Professeur Puddlejumper était ravi. Il passait jour et nuit à fabriquer plus de Bottes à Rire, chaque paire plus colorée et bruyante que la précédente.

Un jour, alors qu'il mettait les touches finales à un nouveau lot de bottes, une jeune fille nommée Lily frappa à sa porte. "Bonjour, Professeur Puddlejumper. J'adore vos Bottes à Rire, mais mon petit frère Tom ne peut pas les porter. Il utilise un fauteuil roulant, et les ressorts ne fonctionneront pas pour lui. Pouvez-vous aider?"

Le cœur du professeur fondit aux paroles de Lily. "Bien sûr, ma chère! Je vais inventer quelque chose de spécial pour Tom." Il se gratta la tête, pensif, puis ses yeux s'illuminèrent. "Je sais exactement ce qu'il faut!"

Il se mit immédiatement au travail, fabriquant un appareil qui pouvait se fixer au fauteuil roulant de Tom. C'était une petite boîte joyeuse avec des boutons colorés et un haut-parleur. Chaque fois que Tom appuyait sur un bouton, la boîte émettait un bruit drôle ou racontait une blague amusante.

Lily et Tom visitèrent l'atelier le lendemain. "Voilà, Tom! Je l'appelle le Rigolator," dit fièrement le Professeur Puddlejumper.

Les yeux de Tom pétillaient d'excitation. Il appuya sur un bouton, et le Rigolator émit un bruit de klaxon retentissant. Tom éclata de rire, et bientôt Lily et le professeur se joignirent à lui.

Avec le Rigolator, Tom se sentait inclus dans le plaisir, et partout où il allait, le rire le suivait. Le cœur du Professeur Puddlejumper se gonflait de bonheur en voyant la joie que ses inventions apportaient aux habitants de Bumbleville.

À partir de ce jour, le Professeur Puddlejumper continua d'inventer des gadgets merveilleux et fantaisistes qui faisaient rire les gens. Et Bumbleville ne fut plus jamais la même — c'était une ville remplie de joie, de rires et de la magie des inventions loufoques du Professeur Puddlejumper.

Captain Rumbletummy and the Quest for the Giggle Treasure

Once upon a time, in the bustling seaside town of Smuggleton, there lived the most unconventional pirate the world had ever seen. His name was Captain Rumbletummy, and he was known for his hearty laugh, his enormous appetite, and his love for adventure. Unlike other pirates who sought gold and jewels, Captain Rumbletummy was on a quest for something far more valuable—the legendary Giggle Treasure, a chest said to be filled with never-ending laughter.

Captain Rumbletummy's ship, The Jolly Fish, was a sight to behold. It was painted in bright, cheerful colors and had a giant fish-shaped figurehead at the bow. His crew was just as extraordinary as the ship. There was First Mate Wobble, who could balance anything on his nose; Miss Squawk, the parrot trainer with a talent for teaching birds to sing opera; and Bubbles, the ship's cook, famous for his floating, bubble-filled puddings.

One sunny morning, Captain Rumbletummy stood on the deck, scanning the horizon with his telescope. "Aha! Today is the day we find the Giggle Treasure!" he declared, his belly rumbling loudly. "Onward, my jolly crew! Let's set sail for the Isle of Chuckles!"

The crew cheered and busied themselves with preparations. The sails were unfurled, and The Jolly Fish glided gracefully out of

Smuggleton's harbor. As they sailed, Captain Rumbletummy told stories of the Giggle Treasure. It was said to be hidden in a secret cave on the Isle of Chuckles, guarded by a mischievous creature known as the Ticklish Ticklefish.

After several days at sea, filled with sunshine, sea shanties, and lots of delicious food, The Jolly Fish approached the Isle of Chuckles. The island was as whimsical as its name suggested, with rainbow-colored trees, singing flowers, and rivers of sparkling lemonade.

Captain Rumbletummy and his crew disembarked, following the map they had found in an old, dusty book. It led them through fields of giggling daisies, past whispering willows, and finally to the mouth of a cave. The entrance was adorned with a sign that read, "Beware! Only those with the heart of laughter may enter."

With a deep breath and a hearty chuckle, Captain Rumbletummy led the way into the cave. The walls were covered in shimmering crystals that echoed their laughter, creating a symphony of giggles. As they ventured deeper, they encountered the Ticklish Ticklefish, a creature with iridescent scales and a perpetual grin.

"Who dares enter my lair?" the Ticklish Ticklefish asked, though its tone was more playful than threatening.

"It is I, Captain Rumbletummy, and my jolly crew! We seek the Giggle Treasure!" the captain replied, his voice filled with excitement.

The Ticklish Ticklefish swam around them, its fins tickling everyone and causing uncontrollable laughter. "To find the Giggle Treasure, you must solve my riddle," it announced.

"What has a head, a tail, is brown, and has no legs?" the creature asked, its eyes twinkling with mischief.

The crew pondered for a moment. First Mate Wobble balanced a spyglass on his nose, deep in thought. Miss Squawk's parrots sang an operatic tune of contemplation. Finally, Bubbles, the cook, clapped his hands. "A penny! The answer is a penny!"

The Ticklish Ticklefish clapped its fins in delight. "Correct! Follow me, and the treasure shall be yours."

The creature led them to a hidden chamber deep within the cave. In the center of the room stood a grand chest, sparkling with a magical glow. Captain Rumbletummy approached it, his heart pounding with anticipation. With a deep breath, he opened the chest.

Inside, instead of gold and jewels, they found an endless stream of bubbles, each one containing a joyful sound—a giggle, a chuckle, a hearty laugh. The air was filled with the most delightful, infectious laughter. As the bubbles popped, the room echoed with merriment, lifting everyone's spirits.

"This is the greatest treasure of all!" Captain Rumbletummy exclaimed. "Laughter to last a lifetime!"

They filled their pockets and sacks with the magical bubbles, knowing that they could spread laughter wherever they went. As they sailed back to Smuggleton, the crew shared their newfound treasure with everyone they met. The town was soon filled with laughter, and the legend of Captain Rumbletummy and his quest for the Giggle Treasure spread far and wide.

From that day on, Captain Rumbletummy continued his adventures, always seeking new ways to bring joy and laughter to the world. And wherever The Jolly Fish sailed, happiness followed.

Capitaine Gargouillis et la Quête du Trésor de Rires

Il était une fois, dans la ville portuaire animée de Smuggleton, un pirate des plus insolites que le monde ait jamais vu. Il s'appelait Capitaine Gargouillis, et il était connu pour son rire tonitruant, son énorme appétit et son amour pour l'aventure. Contrairement aux autres pirates qui recherchaient l'or et les bijoux, le Capitaine Gargouillis était en quête de quelque chose de bien plus précieux — le légendaire Trésor de Rires, un coffre censé être rempli de rires sans fin.

Le navire du Capitaine Gargouillis, Le Poisson Joyeux, était un spectacle à voir. Il était peint de couleurs vives et joyeuses et avait une figure de proue en forme de poisson géant à la proue. Son équipage était tout aussi extraordinaire que le navire. Il y avait le Premier Maître Chancelot, qui pouvait équilibrer n'importe quoi sur son nez; Miss Piaille, la dresseuse de perroquets avec un talent pour apprendre aux oiseaux à chanter de l'opéra; et Bulles, le cuisinier du navire, célèbre pour ses puddings flottants remplis de bulles.

Un matin ensoleillé, le Capitaine Gargouillis se tenait sur le pont, scrutant l'horizon avec sa longue-vue. "Aha! Aujourd'hui est le jour où nous trouvons le Trésor de Rires!" déclara-t-il, son ventre gargouillant bruyamment. "En avant, mon joyeux équipage! Mettons le cap sur l'Île des Éclats de Rire!"

L'équipage acclamait et s'affairait aux préparatifs. Les voiles furent hissées et Le Poisson Joyeux glissa gracieusement hors du port de Smuggleton. Alors qu'ils naviguaient, le Capitaine Gargouillis racontait des histoires sur le Trésor de Rires. On disait qu'il était caché dans une grotte secrète sur l'Île des Éclats de Rire, gardé par une créature espiègle connue sous le nom de Poisson Chatouilleur.

Après plusieurs jours en mer, remplis de soleil, de chants marins et de beaucoup de nourriture délicieuse, Le Poisson Joyeux approcha de l'Île des Éclats de Rire. L'île était aussi fantaisiste que son nom le suggérait, avec des arbres aux couleurs de l'arc-en-ciel, des fleurs chantantes et des rivières de limonade pétillante.

Le Capitaine Gargouillis et son équipage débarquèrent, suivant la carte qu'ils avaient trouvée dans un vieux livre poussiéreux. Elle les conduisit à travers des champs de marguerites rieuses, des saules murmurants, et enfin à l'entrée d'une grotte. L'entrée était ornée d'un panneau indiquant : "Attention ! Seuls ceux qui ont le cœur rieur peuvent entrer."

Avec un rire profond et joyeux, le Capitaine Gargouillis ouvrit la marche dans la grotte. Les murs étaient recouverts de cristaux scintillants qui résonnaient de leurs rires, créant une symphonie de gloussements. Alors qu'ils s'enfonçaient plus loin, ils rencontrèrent le Poisson Chatouilleur, une créature aux écailles irisées et au sourire perpétuel.

"Qui ose entrer dans mon repaire?" demanda le Poisson Chatouilleur, bien que son ton soit plus enjoué que menaçant.

"C'est moi, Capitaine Gargouillis, et mon joyeux équipage! Nous cherchons le Trésor de Rires!" répondit le capitaine, sa voix remplie d'excitation.

Le Poisson Chatouilleur nagea autour d'eux, ses nageoires les chatouillant et provoquant des rires incontrôlables. "Pour trouver le Trésor de Rires, vous devez résoudre mon énigme," annonça-t-il.

"Qu'est-ce qui a une tête, une queue, est marron et n'a pas de jambes?" demanda la créature, ses yeux pétillant de malice.

L'équipage réfléchit un moment. Le Premier Maître Chancelot équilibrait une longue-vue sur son nez, pensif. Les perroquets de Miss Piaille chantaient un air d'opéra de réflexion. Finalement, Bulles, le cuisinier, frappa des mains. "Un sou! La réponse est un sou!"

Le Poisson Chatouilleur applaudit de ses nageoires avec joie. "Correct! Suivez-moi, et le trésor sera à vous."

La créature les mena à une chambre cachée au fond de la grotte. Au centre de la pièce se trouvait un grand coffre, scintillant d'une lueur magique. Le Capitaine Gargouillis s'approcha, le cœur battant d'anticipation. Prenant une profonde inspiration, il ouvrit le coffre.

À l'intérieur, au lieu de l'or et des bijoux, ils trouvèrent un flot sans fin de bulles, chacune contenant un son joyeux — un gloussement, un éclat de rire, un rire chaleureux. L'air était rempli du plus délicieux des rires, contagieux. À mesure que les bulles éclataient, la pièce résonnait de gaieté, remontant le moral de tout le monde.

“C'est le plus grand trésor de tous!” s'exclama le Capitaine Gargouillis. “Des rires pour toute une vie!”

Ils remplirent leurs poches et leurs sacs des bulles magiques, sachant qu'ils pourraient répandre le rire partout où ils iraient. Alors qu'ils retournaient à Smuggleton, l'équipage partageait leur nouveau trésor avec tous ceux qu'ils rencontraient. La ville se remplit rapidement de rires, et la légende du Capitaine Gargouillis et de sa quête du Trésor de Rires se répandit loin et large.

À partir de ce jour, le Capitaine Gargouillis continua ses aventures, cherchant toujours de nouvelles façons d'apporter la joie et le rire au monde. Et partout où Le Poisson Joyeux naviguait, le bonheur suivait.

Percy Panda and the Great Bamboo Bash

Once upon a time, in the heart of the Whispering Bamboo Forest, there lived a jolly panda named Percy. Percy Panda was no ordinary panda; he had a heart as big as his appetite for bamboo and a knack for turning the most ordinary days into extraordinary adventures. His favorite pastime was throwing grand parties for all his forest friends.

Percy's home was a cozy, bamboo bungalow nestled among the tallest bamboo shoots. It was filled with colorful lanterns, comfy cushions, and stacks of bamboo treats. Percy's parties were the talk of the forest, and everyone, from the tiniest insects to the tallest trees, looked forward to them.

One bright morning, Percy awoke with a fantastic idea. "I shall throw the grandest party the forest has ever seen—a Great Bamboo Bash!" he declared, his eyes twinkling with excitement. He grabbed his bamboo notepad and started jotting down his plans. There would be games, music, and, of course, the most delicious bamboo feast.

Percy first visited his best friend, Lily the red panda, who was known for her artistic talents. "Lily, would you help me decorate for the Great Bamboo Bash?" Percy asked.

"Of course, Percy! I'd love to!" Lily replied with a cheerful grin. She began weaving beautiful garlands out of colorful leaves and flowers.

Next, Percy approached Toby the tortoise, the forest's wisest inhabitant. "Toby, I need your help with the games. Can you think of some fun activities?"

Toby thought for a moment and then slowly nodded. "How about a bamboo balancing contest and a leaf race?" he suggested.

"Brilliant ideas, Toby!" Percy exclaimed. "Thank you!"

As Percy made his rounds, excitement spread through the Whispering Bamboo Forest. Everyone pitched in to help. The birds practiced their songs, the monkeys rehearsed their acrobatic tricks, and the fireflies prepared a dazzling light show for the evening.

Finally, the day of the Great Bamboo Bash arrived. Percy's bamboo bungalow was transformed into a wonderland of color and cheer. Garlands hung from the trees, lanterns lit up the pathways, and a grand feast was laid out, featuring every kind of bamboo delicacy imaginable.

The forest buzzed with anticipation as Percy welcomed his guests. "Welcome, everyone! Let the Great Bamboo Bash begin!" he announced with a joyful laugh.

The bamboo balancing contest was the first event. Forest friends lined up to see who could balance the most bamboo sticks on their heads. Toby the tortoise, with his slow and steady pace, won the contest, much to everyone's delight.

Next was the leaf race. The participants had to race while balancing a leaf on their noses. The monkeys, with their nimble moves, were the favorites, but to everyone's surprise, Lily the red panda won with her graceful steps.

As the sun began to set, the birds serenaded the crowd with their melodious songs, and the monkeys performed daring acrobatics that left everyone in awe. Percy watched with a heart full of happiness. His dream of throwing the grandest party had come true.

The highlight of the evening was the firefly light show. As the sky darkened, thousands of fireflies lit up, creating a mesmerizing display. The forest was filled with "oohs" and "aahs" as the fireflies danced in perfect harmony.

Percy then gathered everyone around for the grand feast. There were bamboo cakes, bamboo dumplings, and even bamboo smoothies. Percy's favorite was the honey-glazed bamboo sticks, which he devoured with glee.

As the night grew darker, the forest friends sat around a bonfire, sharing stories and laughter. Percy looked around at his friends, feeling a warm glow of contentment. The Great Bamboo Bash was more than just a party; it was a celebration of friendship and joy.

When the last lantern flickered out and the guests began to leave, Percy stood at the entrance of his bamboo bungalow, waving goodbye with a smile on his face. "Thank you all for coming! Until next time!" he called out.

Percy Panda went to bed that night with a heart full of joy and dreams of more adventures to come. The Great Bamboo Bash had been a roaring success, and Percy knew that with friends like his, every day could be a grand celebration.

Percy Panda et la Grande Fête du Bambou

Il était une fois, au cœur de la Forêt Murmurante de Bambous, vivait un panda joyeux nommé Percy. Percy Panda n'était pas un panda ordinaire ; il avait un cœur aussi grand que son appétit pour le bambou et un don pour transformer les journées les plus ordinaires en aventures extraordinaires. Son passe-temps préféré était d'organiser de grandes fêtes pour tous ses amis de la forêt.

La maison de Percy était un bungalow confortable en bambou, niché parmi les plus hautes pousses de bambou. Elle était remplie de lanternes colorées, de coussins moelleux et de montagnes de friandises en bambou. Les fêtes de Percy faisaient parler dans la forêt, et tout le monde, des plus petits insectes aux plus grands arbres, les attendait avec impatience.

Un matin lumineux, Percy se réveilla avec une idée fantastique. "Je vais organiser la plus grande fête que la forêt ait jamais vue - une Grande Fête du Bambou !" déclara-t-il, les yeux pétillants d'excitation. Il attrapa son bloc-notes en bambou et commença à noter ses plans. Il y aurait des jeux, de la musique, et bien sûr, le festin de bambou le plus délicieux.

Percy rendit d'abord visite à sa meilleure amie, Lily le panda roux, connue pour ses talents artistiques. "Lily, voudrais-tu m'aider à décorer pour la Grande Fête du Bambou ?" demanda Percy.

"Bien sûr, Percy ! J'adorerais !" répondit Lily avec un sourire joyeux. Elle commença à tisser de magnifiques guirlandes avec des feuilles et des fleurs colorées.

Ensuite, Percy s'approcha de Toby la tortue, l'habitant le plus sage de la forêt. "Toby, j'ai besoin de ton aide pour les jeux. Peux-tu penser à des activités amusantes ?"

Toby réfléchit un moment puis hocha lentement la tête. "Que dirais-tu d'un concours d'équilibre de bambou et d'une course de feuilles ?" suggéra-t-il.

"Des idées brillantes, Toby !" s'exclama Percy. "Merci !"

À mesure que Percy faisait le tour, l'excitation se répandit dans la Forêt Murmurante de Bambous. Tout le monde se mit à contribuer. Les oiseaux répétaient leurs chants, les singes répétaient leurs acrobaties, et les lucioles préparaient un spectacle lumineux éblouissant pour la soirée.

Enfin, le jour de la Grande Fête du Bambou arriva. Le bungalow en bambou de Percy fut transformé en un paysage de couleurs et de gaieté. Des guirlandes pendaient aux arbres, des lanternes éclairaient les sentiers, et un grand festin était dressé, avec toutes sortes de délices en bambou imaginables.

La forêt bourdonnait d'anticipation alors que Percy accueillait ses invités. "Bienvenue à tous ! Que la Grande Fête du Bambou commence !" annonça-t-il avec un rire joyeux.

Le concours d'équilibre de bambou fut le premier événement. Les amis de la forêt se sont alignés pour voir qui pouvait équilibrer le plus de bâtons de bambou sur leur tête. Toby la tortue, avec son rythme lent et régulier, remporta le concours, pour la plus grande joie de tous.

Ensuite vint la course de feuilles. Les participants devaient courir tout en équilibrant une feuille sur leur nez. Les singes, avec leurs mouvements agiles, étaient les favoris, mais à la surprise générale, Lily le panda roux remporta la course avec ses pas gracieux.

Au coucher du soleil, les oiseaux ont enchanté la foule avec leurs chants mélodieux, et les singes ont réalisé des acrobaties audacieuses qui ont émerveillé tout le monde. Percy regardait avec un cœur rempli de bonheur. Son rêve d'organiser la plus grande fête était devenu réalité.

Le point culminant de la soirée fut le spectacle lumineux des lucioles. À mesure que le ciel s'assombrissait, des milliers de lucioles s'illuminèrent, créant un spectacle hypnotique. La forêt résonnait de "ohs" et de "ahs" alors que les lucioles dansaient en parfaite harmonie.

Ensuite, Percy rassembla tout le monde autour du grand festin. Il y avait des gâteaux en bambou, des raviolis en bambou, et même des smoothies en bambou. Le préféré de Percy était les bâtonnets de bambou glacés au miel, qu'il dévora avec joie.

À mesure que la nuit devenait plus sombre, les amis de la forêt s'assirent autour d'un feu dc camp, partageant des histoires et des rires. Percy regarda autour de lui, ressentant une chaleur de satisfaction. La Grande Fête du Bambou était plus qu'une simple fête ; c'était une célébration de l'amitié et de la joie.

Quand la dernière lanterne vacilla et que les invités commencèrent à partir, Percy se tint à l'entrée de son bungalow en bambou, leur faisant signe avec un sourire sur le visage. "Merci à tous d'être venus ! À la prochaine !" lança-t-il.

Ce soir-là, Percy Panda s'endormit le cœur rempli de joie et de rêves d'aventures à venir. La Grande Fête du Bambou avait été un succès retentissant, et Percy savait qu'avec des amis comme les siens, chaque jour pouvait être une grande célébration.

Sherlock Squirrel and the Case of the Missing Acorns

In the heart of the Whispering Woods, where the trees whispered secrets and the streams sang lullabies, there lived a very clever squirrel named Sherlock. Sherlock Squirrel was no ordinary squirrel; he was the best detective the woods had ever known. With his trusty magnifying glass and a deerstalker hat, he solved mysteries big and small, bringing justice and peace to his woodland friends.

Sherlock's home was a cozy, tree-top den filled with all sorts of detective gadgets and books. He had a keen eye for detail, a sharp mind, and an insatiable curiosity that often led him to the most puzzling cases.

One crisp autumn morning, as Sherlock was enjoying his breakfast of nuts and berries, there was a frantic knock on his door. It was his best friend, Watson the weasel, looking very distressed.

"Sherlock! You must help! My acorns—they're gone!" Watson exclaimed, wringing his paws.

Sherlock's eyes twinkled with excitement. "A case of missing acorns, you say? Don't worry, Watson. I'll get to the bottom of this!"

Watson led Sherlock to his burrow, where the ground was scattered with leaves but no acorns in sight. Sherlock whipped out his magnifying glass and began to examine the area. He noticed tiny footprints leading away from the burrow, faint but distinct.

"Hmm," Sherlock murmured, following the trail. "These footprints belong to a small animal, but not a weasel. Let's see where they lead."

The footprints took them through the woods, past the babbling brook and the ancient oak tree, to the base of a towering pine. There, they found a small pile of acorn shells.

"Aha!" Sherlock exclaimed. "Our thief has been snacking here. But who could it be?"

Just then, a rustling sound came from above. Sherlock looked up to see a mischievous chipmunk named Nutty, perched on a branch with his cheeks bulging.

"Nutty, come down here at once!" Sherlock called. Nutty scurried down, his cheeks still full of acorns.

"Nutty, have you been taking Watson's acorns?" Sherlock asked, his tone firm but kind.

Nutty swallowed nervously. "I... I didn't mean to take so many. I was just so hungry, and they looked so delicious..."

Watson, seeing the guilt in Nutty's eyes, softened. "I understand, Nutty. But you should have asked first. We can share the acorns; there's enough for everyone."

Nutty's eyes widened with relief. "Really? Thank you, Watson. I'm sorry for taking them without asking."

Sherlock nodded approvingly. "Now, Nutty, you must help us gather more acorns to replace the ones you ate."

The three friends set off, gathering acorns from all around the woods. They worked together, filling Watson's burrow with a new stash of acorns. Along the way, they shared stories, laughed, and forged an even stronger bond.

As the sun began to set, they returned to Watson's burrow, their baskets brimming with acorns. Watson looked around, satisfied and grateful. "Thank you, Sherlock. You've solved the mystery and brought us all together."

Sherlock smiled, tipping his deerstalker hat. "All in a day's work, Watson. And remember, the real treasure is friendship."

From that day on, Nutty always remembered to ask before taking anything, and the friends often gathered for acorn feasts, celebrating their camaraderie.

Sherlock Squirrel continued to solve mysteries in the Whispering Woods, but the Case of the Missing Acorns remained one of his favorite adventures. It was a reminder that sometimes, the best solution to a problem is kindness and understanding.

Sherlock l'Écureuil et l'Affaire des Glands Disparus

Au cœur de la Forêt Murmurante, où les arbres chuchotaient des secrets et les ruisseaux chantaient des berceuses, vivait un écureuil très intelligent nommé Sherlock. Sherlock l'Écureuil n'était pas un écureuil ordinaire; il était le meilleur détective que la forêt ait jamais connu. Avec sa loupe de confiance et son chapeau de chasse, il résolvait des mystères grands et petits, apportant justice et paix à ses amis de la forêt.

La maison de Sherlock était un nid douillet perché dans les arbres, rempli de toutes sortes de gadgets de détective et de livres. Il avait un œil attentif aux détails, un esprit aiguisé, et une curiosité insatiable qui le menait souvent aux affaires les plus énigmatiques.

Un matin d'automne frais, alors que Sherlock savourait son petit-déjeuner de noix et de baies, on frappa frénétiquement à sa porte. C'était son meilleur ami, Watson la belette, qui avait l'air très bouleversé.

"Sherlock! Tu dois m'aider! Mes glands—ils ont disparu!" s'exclama Watson, tordant ses pattes.

Les yeux de Sherlock scintillèrent d'excitation. "Une affaire de glands disparus, dis-tu? Ne t'inquiète pas, Watson. Je vais éclaircir ce mystère!"

Watson mena Sherlock à son terrier, où le sol était jonché de feuilles mais sans aucun gland en vue. Sherlock sortit sa loupe et commença à examiner la zone. Il remarqua de petites empreintes menant hors du terrier, légères mais distinctes.

"Hmm," murmura Sherlock en suivant la piste. "Ces empreintes appartiennent à un petit animal, mais pas à une belette. Voyons où elles nous mènent."

Les empreintes les emmenèrent à travers la forêt, passant par le ruisseau bavard et le vieux chêne, jusqu'à la base d'un pin imposant. Là, ils trouvèrent un petit tas de coquilles de glands.

"Aha!" s'exclama Sherlock. "Notre voleur a fait son festin ici. Mais qui cela peut-il bien être?"

À ce moment, un bruissement se fit entendre au-dessus. Sherlock leva les yeux pour voir un tamia espiègle nommé Noisette, perché sur une branche avec ses joues gonflées.

"Noisette, descends ici tout de suite!" appela Sherlock. Noisette descendit en vitesse, ses joues toujours pleines de glands.

"Noisette, as-tu pris les glands de Watson?" demanda Sherlock d'un ton ferme mais aimable.

Noisette avala nerveusement. "Je... Je ne voulais pas en prendre autant. J'avais tellement faim, et ils avaient l'air si délicieux..."

Watson, voyant la culpabilité dans les yeux de Noisette, s'adoucit. "Je comprends, Noisette. Mais tu aurais dû demander d'abord. Nous pouvons partager les glands; il y en a assez pour tout le monde."

Les yeux de Noisette s'agrandirent de soulagement. "Vraiment? Merci, Watson. Je suis désolé de les avoir pris sans demander."

Sherlock hocha la tête d'approbation. "Maintenant, Noisette, tu dois nous aider à rassembler plus de glands pour remplacer ceux que tu as mangés."

Les trois amis partirent donc, rassemblant des glands tout autour de la forêt. Ils travaillèrent ensemble, remplissant le terrier de Watson d'une nouvelle réserve de glands. En chemin, ils partagèrent des histoires, rirent et forgèrent des liens encore plus forts.

Alors que le soleil commençait à se coucher, ils retournèrent au terrier de Watson, leurs paniers débordant de glands. Watson regarda autour de lui, satisfait et reconnaissant. "Merci, Sherlock. Tu as résolu le mystère et nous a tous réunis."

Sherlock sourit, inclinant son chapeau de chasse. "Tout dans une journée de travail, Watson. Et n'oublie pas, le véritable trésor est l'amitié."

À partir de ce jour, Noisette se rappela toujours de demander avant de prendre quoi que ce soit, et les amis se réunissaient souvent pour des festins de glands, célébrant leur camaraderie.

Sherlock l'Écureuil continua de résoudre des mystères dans la Forêt Murmurante, mais l'Affaire des Glands Disparus resta l'une de ses aventures préférées. C'était un rappel que parfois, la meilleure solution à un problème est la gentillesse et la compréhension.

Barnaby Bear and the Enchanted Song

Once upon a time, in the heart of the Whispering Woods, there lived a bear named Barnaby. Barnaby Bear was no ordinary bear; he had a remarkable gift for singing. His voice was as rich as honey and as powerful as a roaring river. Every morning, he would wake up the forest with his beautiful songs, filling the air with melodies that made the flowers bloom and the birds dance.

Barnaby's home was a cozy cave at the base of the Great Oak Tree. Inside, it was filled with musical instruments he had crafted from the forest's resources—flutes made from reeds, drums from hollow logs, and maracas from dried gourds. He spent his days composing new songs and dreaming of sharing his music with the world.

One sunny morning, as Barnaby was practicing a new tune, a little squirrel named Nutmeg scurried into his cave, looking very excited.

"Barnaby! Have you heard? The King of the Forest is hosting a grand talent show, and the winner gets to perform at the Midsummer Festival!" Nutmeg squeaked, her eyes sparkling with excitement.

Barnaby's ears perked up. "A talent show? That sounds amazing! I've always wanted to share my songs with more animals. Thank you for telling me, Nutmeg!"

Barnaby spent the next few days preparing for the talent show. He practiced his favorite songs and even composed a new one, hoping to impress the King of the Forest. On the day of the talent show, he was both nervous and excited.

The talent show was held in a large clearing in the middle of the forest. Animals of all kinds gathered to watch—rabbits, deer, foxes, and even the shy hedgehogs came out of their hiding spots. The King of the Forest, a wise old owl named Oliver, sat on a high branch, ready to judge the performances.

Barnaby watched as various animals took turns showcasing their talents. There were acrobatic squirrels, dancing deer, and even a rabbit who could juggle carrots. When it was finally Barnaby's turn, he took a deep breath and stepped onto the stage.

"Good luck, Barnaby!" Nutmeg whispered from the front row.

Barnaby smiled at her, then looked out at the audience. He felt a little nervous, but he knew he had to be brave. He closed his eyes, took another deep breath, and began to sing.

As soon as Barnaby's voice filled the clearing, everything fell silent. The trees stopped rustling, the birds stopped chirping, and even the babbling brook seemed to pause to listen. Barnaby's song was enchanting, a melody that spoke of the beauty of the forest and the joy of living among friends. His voice soared through the trees, carrying with it a magic that touched the hearts of every animal present.

When Barnaby finished his song, there was a moment of stunned silence. Then, the clearing erupted in applause and cheers. Even King Oliver was moved, his wise eyes glistening with tears.

"Barnaby Bear," King Oliver hooted, "your song was the most beautiful I have ever heard. You have a true gift, and it would be an honor to have you perform at the Midsummer Festival."

Barnaby's heart swelled with joy. "Thank you, Your Majesty! It would be my greatest pleasure."

The news of Barnaby's victory spread quickly through the Whispering Woods. Animals came from far and wide to congratulate him and to hear his enchanting songs. Barnaby was overjoyed to share his music with so many new friends.

The Midsummer Festival was the grandest event in the forest. It was held in the Moonlit Glade, a magical place that sparkled with fireflies and glowed with the light of the full moon. Barnaby spent weeks preparing for his performance, practicing day and night.

On the night of the festival, the Moonlit Glade was filled with animals eager to hear Barnaby sing. King Oliver introduced him with great pride, and Barnaby stepped onto the stage, his heart racing with excitement.

As he began to sing, a hush fell over the crowd. Barnaby's voice was even more magical under the light of the full moon. His song told a story of unity, love, and the magic of the forest. The animals swayed to the melody, their hearts lifting with every note.

When Barnaby finished, the applause was thunderous. Animals cheered, clapped, and some even danced with joy. Barnaby beamed, feeling more connected to his forest friends than ever before.

After the festival, Barnaby continued to share his songs, traveling to different parts of the forest and beyond. He brought joy and magic wherever he went, his voice a beacon of hope and happiness.

And so, Barnaby Bear, the bear with the golden voice, became a legend in the Whispering Woods. His songs were sung for generations, a reminder of the magic that can happen when you share your gifts with the world.

Barnaby l'Ours et la Chanson Enchantée

Il était une fois, au cœur de la Forêt Murmurante, vivait un ours nommé Barnaby. Barnaby l'Ours n'était pas un ours ordinaire ; il avait un don remarquable pour le chant. Sa voix était aussi riche que le miel et aussi puissante qu'une rivière en crue. Chaque matin, il réveillait la forêt avec ses magnifiques chansons, remplissant l'air de mélodies qui faisaient fleurir les fleurs et danser les oiseaux.

La maison de Barnaby était une grotte douillette au pied du Grand Chêne. À l'intérieur, elle était remplie d'instruments de musique qu'il avait fabriqués à partir des ressources de la forêt - des flûtes en roseau, des tambours en troncs creux et des maracas en calebasses séchées. Il passait ses journées à composer de nouvelles chansons et à rêver de partager sa musique avec le monde.

Un matin ensoleillé, alors que Barnaby travaillait sur un nouvel air, un petit écureuil nommé Muscade s'est précipité dans sa grotte, visiblement excité.

"Barnaby ! As-tu entendu ? Le Roi de la Forêt organise un grand concours de talents, et le gagnant pourra se produire au Festival de la Saint-Jean !" glapit Muscade, les yeux pétillants d'excitation.

Les oreilles de Barnaby se dressèrent. "Un concours de talents ? Cela semble incroyable ! J'ai toujours voulu partager mes chansons avec plus d'animaux. Merci de me l'avoir dit, Muscade !"

Barnaby passa les jours suivants à se préparer pour le concours de talents. Il répéta ses chansons préférées et en composa même une nouvelle, espérant impressionner le Roi de la Forêt. Le jour du concours, il était à la fois nerveux et excité.

Le concours de talents se déroulait dans une grande clairière au milieu de la forêt. Des animaux de toutes sortes s'étaient rassemblés pour regarder - des lapins, des cerfs, des renards et même les hérissons timides sortaient de leurs cachettes. Le Roi de la Forêt, un vieux hibou sage nommé Olivier, était perché sur une branche élevée, prêt à juger les performances.

Barnaby regardait les différents animaux se succéder pour présenter leurs talents. Il y avait des écureuils acrobates, des cerfs dansants et même un lapin qui jonglait avec des carottes. Quand ce fut enfin le tour de Barnaby, il prit une profonde inspiration et monta sur scène.

"Bonne chance, Barnaby !" chuchota Muscade depuis le premier rang.

Barnaby lui sourit, puis regarda le public. Il se sentait un peu nerveux, mais il savait qu'il devait être courageux. Il ferma les yeux, prit une autre profonde inspiration, et commença à chanter.

Dès que la voix de Barnaby remplit la clairière, tout devint silencieux. Les arbres arrêtèrent de bruire, les oiseaux cessèrent de gazouiller, et même le ruisseau babillant sembla faire une pause pour écouter. La chanson de Barnaby était envoûtante, une mélodie qui parlait de la beauté de la forêt et de la joie de vivre parmi les amis. Sa voix s'éleva à travers les arbres, portant avec elle une magie qui toucha le cœur de chaque animal présent.

Quand Barnaby eut terminé sa chanson, il y eut un moment de silence stupéfait. Puis, la clairière éclata en applaudissements et en acclamations. Même le Roi Olivier fut ému, ses sages yeux brillants de larmes.

"Barnaby l'Ours", hulula le Roi Olivier, "ta chanson est la plus belle que j'aie jamais entendue. Tu as un véritable don, et ce serait un honneur de te voir te produire au Festival de la Saint-Jean."

Le cœur de Barnaby déborda de joie. "Merci, Votre Majesté ! Ce serait mon plus grand plaisir."

La nouvelle de la victoire de Barnaby se répandit rapidement à travers la Forêt Murmurante. Les animaux vinrent de loin pour le féliciter et pour écouter ses chansons enchanteresses. Barnaby était ravi de partager sa musique avec tant de nouveaux amis.

Le Festival de la Saint-Jean était l'événement le plus grandiose de la forêt. Il se tenait dans la Clairière Éclairée par la Lune, un endroit magique qui scintillait de lucioles et brillait sous la lumière de la pleine lune. Barnaby passa des semaines à se préparer pour sa prestation, répétant jour et nuit.

Le soir du festival, la Clairière Éclairée par la Lune était remplie d'animaux impatients d'entendre Barnaby chanter. Le Roi Olivier le présenta avec beaucoup de fierté, et Barnaby monta sur scène, le cœur battant d'excitation.

Quand il commença à chanter, un silence s'abattit sur la foule. La voix de Barnaby était encore plus magique sous la lumière de la pleine lune. Sa chanson racontait une histoire d'unité, d'amour et de la magie de la forêt. Les animaux se balançaient au rythme de la mélodie, leur cœur s'élevant à chaque note.

Quand Barnaby eut terminé, les applaudissements furent tonitruants. Les animaux acclamèrent, applaudirent, et certains dansèrent même de joie. Barnaby rayonnait, se sentant plus connecté que jamais à ses amis de la forêt.

Après le festival, Barnaby continua de partager ses chansons, voyageant à travers différents endroits de la forêt et au-delà. Il apportait joie et magie partout où il allait, sa voix étant un phare d'espoir et de bonheur.

Et ainsi, Barnaby l'Ours, l'ours à la voix d'or, devint une légende dans la Forêt Murmurante. Ses chansons furent chantées pendant des générations, rappelant la magie qui peut survenir lorsque l'on partage ses dons avec le monde.

Marina the Mischievous Mermaid

Once upon a time, in the shimmering depths of the Coral Kingdom, there lived a mermaid named Marina. Marina wasn't like other mermaids; she had a mischievous streak as deep as the ocean itself. Her tail shimmered with iridescent scales that caught the light like a thousand tiny rainbows, and her laughter could be heard echoing through the underwater caves.

Marina's home was a cozy grotto adorned with treasures she had collected from shipwrecks—shiny pearls, colorful seashells, and trinkets that sparkled in the soft glow of underwater plants. She loved to explore the ocean depths, always on the lookout for new adventures and, occasionally, a chance to play a prank or two.

One sunny morning, as Marina was weaving through the swaying seaweed forests, she spotted a school of dolphins playing in the sunlight above. Their joyful squeals and flips made her giggle, and she decided to join in the fun. Marina swam up to the dolphins and with a mischievous grin, she splashed them playfully.

The dolphins, delighted by Marina's antics, invited her to race them through the coral maze. Marina accepted eagerly, her heart racing with excitement. She darted through the twisting paths, her tail propelling her with grace and speed. The dolphins kept up effortlessly, their sleek bodies cutting through the water like arrows.

As they neared the finish line—a shimmering arch of coral—the dolphins surged ahead with a burst of speed. Marina, determined not to lose, pushed herself harder. With a final burst of energy, she surged ahead and crossed the finish line just a fin-length ahead of the fastest dolphin.

The dolphins cheered and chattered excitedly, congratulating Marina on her victory. Marina laughed breathlessly, her cheeks flushed with exhilaration. "That was amazing! Thank you for letting me join in," she said, beaming at her new friends.

From that day on, Marina became a regular companion to the dolphins, joining them in their playful games and explorations of the Coral Kingdom. Together, they discovered hidden caves filled with glowing sea crystals, raced through underwater meadows, and danced with schools of shimmering fish under the light of the moon.

But Marina's mischievous nature sometimes got her into trouble. One day, while exploring a sunken shipwreck, Marina stumbled upon an old chest filled with shimmering jewels. Excited by her discovery, she decided to play a prank on her dolphin friends. She hid the jewels in various places around the Coral Kingdom, leaving tantalizing clues for them to find.

The dolphins, puzzled by Marina's antics, followed the clues eagerly, swimming through coral arches and undersea tunnels in search of the hidden treasure. Marina watched from a safe distance, giggling as they darted back and forth, their tails swirling with excitement.

However, as the dolphins grew more and more frustrated by the elusive treasure, Marina began to feel guilty. She realized that her prank had gone too far and that she had hurt her friends' feelings. With a heavy heart, she swam up to them and confessed everything.

"I'm sorry, everyone. I just wanted to have a bit of fun, but I didn't mean to upset you," Marina apologized, her voice filled with remorse.

The dolphins, initially disappointed, looked at Marina with understanding in their eyes. "It's okay, Marina. We know you didn't mean any harm," they reassured her.

Together, they returned to the sunken shipwreck, where Marina helped the dolphins retrieve the jewels and return them to their rightful place. As they swam back through the Coral Kingdom, Marina promised herself to think twice before playing another prank.

From that day on, Marina became known not only for her mischievous adventures but also for her loyalty and kindness to her friends. She continued to explore the ocean depths, always ready for new discoveries and, occasionally, a playful prank or two—though now with a heart filled with consideration for others.

And so, Marina the Mischievous Mermaid, with her shimmering scales and infectious laughter, became a beloved legend in the Coral Kingdom, teaching everyone the importance of fun, friendship, and forgiveness under the sea.

Marina la Sirène Espiègle

Il était une fois, dans les profondeurs scintillantes du Royaume du Corail, vivait une sirène nommée Marina. Marina n'était pas comme les autres sirènes ; elle avait un penchant espiègle aussi profond que l'océan lui-même. Sa queue scintillait de écailles irisées qui capturaient la lumière comme mille petits arcs-en-ciel, et son rire résonnait à travers les grottes sous-marines.

La maison de Marina était une grotte douillette ornée de trésors qu'elle avait collectés dans des naufrages : des perles brillantes, des coquillages colorés et des bibelots qui étincelaient dans la lueur douce des plantes sous-marines. Elle adorait explorer les profondeurs de l'océan, toujours à la recherche de nouvelles aventures et, parfois, d'une chance de jouer un tour ou deux.

Un matin ensoleillé, alors que Marina tissait à travers les forêts d'algues ondulantes, elle aperçut une école de dauphins jouant dans la lumière du soleil au-dessus. Leurs cris joyeux et leurs sauts la firent rire, et elle décida de se joindre à l'amusement. Marina nagea jusqu'aux dauphins et avec un sourire espiègle, elle les éclaboussa joyeusement.

Les dauphins, ravis des facéties de Marina, l'invitèrent à les rejoindre dans une course à travers le labyrinthe de coraux. Marina accepta avec enthousiasme, son cœur battant d'excitation. Elle fila à travers les chemins sinueux, sa queue la propulsant avec grâce et rapidité. Les dauphins suivaient sans effort, leurs corps élancés coupant l'eau comme des flèches.

À mesure qu'ils approchaient de la ligne d'arrivée - un arc de corail scintillant - les dauphins accélérèrent avec une poussée de vitesse. Marina, déterminée à ne pas perdre, se poussa plus fort. Avec un dernier effort, elle accéléra et franchit la ligne d'arrivée juste devant le dauphin le plus rapide.

Les dauphins applaudirent et chuchotèrent avec enthousiasme, félicitant Marina pour sa victoire. Marina rit à bout de souffle, ses joues rougies par l'exaltation. "C'était incroyable ! Merci de m'avoir permis de participer," dit-elle en souriant à ses nouveaux amis.

À partir de ce jour-là, Marina devint une compagnonne régulière des dauphins, les rejoignant dans leurs jeux ludiques et leurs explorations du Royaume du Corail. Ensemble, ils découvrirent des grottes cachées remplies de cristaux de mer lumineux, ils coururent à travers les prairies sous-marines et dansèrent avec des bancs de poissons chatoyants sous la lumière de la lune.

Mais la nature espiègle de Marina la mettait parfois en difficulté. Un jour, alors qu'elle explorait une épave de navire naufragé, Marina découvrit un vieux coffre rempli de joyaux scintillants. Excitée par sa découverte, elle décida de jouer un tour à ses amis dauphins. Elle cacha les joyaux à différents endroits du Royaume du Corail, laissant des indices alléchants pour qu'ils les trouvent.

Les dauphins, perplexes face aux facéties de Marina, suivirent les indices avec empressement, nageant à travers les arches de corail et les tunnels sous-marins à la recherche du trésor caché. Marina regarda de loin, riant doucement alors qu'ils allaient et venaient, leurs queues tournoyant d'excitation.

Cependant, à mesure que les dauphins devenaient de plus en plus frustrés par le trésor insaisissable, Marina commença à se sentir coupable. Elle réalisa que son tour avait été trop loin et qu'elle avait blessé les sentiments de ses amis. Le cœur lourd, elle nagea jusqu'à eux et leur avoua tout.

"Je suis désolée, tout le monde. Je voulais juste m'amuser un peu, mais je ne voulais pas vous contrarier," s'excusa Marina, sa voix emplie de remords.

Les dauphins, initialement déçus, regardèrent Marina avec compréhension dans leurs yeux. "Ce n'est pas grave, Marina. Nous savons que tu ne voulais pas nous faire de mal," la rassurèrent-ils.

Ensemble, ils retournèrent à l'épave du navire naufragé, où Marina aida les dauphins à récupérer les joyaux et à les rendre à leur place légitime. Alors qu'ils nageaient à travers le Royaume du Corail, Marina se promit de réfléchir à deux fois avant de jouer un autre tour.

À partir de ce jour-là, Marina devint connue non seulement pour ses aventures espiègles mais aussi pour sa loyauté et sa gentillesse envers ses amis. Elle continua à explorer les profondeurs de l'océan, toujours prête pour de nouvelles découvertes et, parfois, un tour espiègle ou deux - mais maintenant avec un cœur rempli de considération pour les autres.

Ainsi, Marina la Sirène Espiègle, avec ses écailles scintillantes et son rire contagieux, devint une légende adorée dans le Royaume du Corail, enseignant à tous l'importance du plaisir, de l'amitié et du pardon sous la mer.

Oswald the Wise Owl

In the heart of Whispering Woods, where tall trees whispered secrets in the breeze and moonlight danced through the leaves, lived Oswald, the wisest owl you could ever meet. Oswald was not just any owl; he had a keen mind and a knack for solving mysteries that baffled even the cleverest creatures of the forest.

Oswald's home was a cozy hollow in the ancient oak tree, high above the forest floor. The hollow was lined with soft moss and adorned with trinkets Oswald had collected over the years—shiny stones, feathers of rare birds, and even a small telescope carved from acorn wood. From his perch, Oswald could see the entire forest, from the babbling brook to the distant mountains.

One crisp autumn morning, as Oswald was perched outside his hollow, observing the forest below, he noticed a flurry of activity near the Great Oak Tree. Animals of all kinds were gathered in a circle, chattering excitedly.

Curious, Oswald spread his wings and glided down to investigate. "What's going on here?" he hooted softly as he landed gracefully among the crowd.

"It's a mystery, Oswald," squeaked Nutmeg the squirrel, her bushy tail twitching with anticipation. "Someone has hidden our acorn stash, and we can't find it anywhere!"

Oswald furrowed his brow thoughtfully. A missing acorn stash was indeed a puzzling mystery. He scanned the ground with his sharp eyes, looking for any clues. Nearby, he spotted a trail of tiny footprints leading towards a bush.

"Hmm," Oswald murmured, stroking his feathery chin. "Let's follow these footprints. They might lead us to the culprit."

Nutmeg and the other animals nodded eagerly, and together they followed Oswald through the forest, tracing the footsteps. The trail wound through the underbrush, past the meadow where butterflies fluttered lazily in the sun, and into a thicket of berry bushes.

"There!" Oswald exclaimed quietly, pointing a talon at a small figure huddled behind a raspberry bush.

Peeking out from behind the bush was a tiny mouse named Milo, his whiskers trembling nervously. "I-I didn't mean to take the acorns," he squeaked, his voice barely above a whisper. "I was so hungry, and they looked so tasty..."

Oswald approached Milo calmly, his eyes gentle but firm. "Taking without asking is not right, Milo," he said kindly. "But I understand your hunger. Let's find a way to share the acorns so everyone can have enough to eat."

Milo nodded gratefully, relieved that Oswald wasn't angry with him. Together, they gathered the hidden acorns and brought them back to the Great Oak Tree. The animals cheered as Oswald distributed the acorns evenly among them, ensuring everyone had their fill.

"Thank you, Oswald," Nutmeg said, her eyes sparkling with gratitude. "You truly are the wisest owl in Whispering Woods."

With a humble smile, Oswald nodded. "It's important to help each other and solve problems together," he replied.

From that day on, Oswald became known as the forest's problem solver. Animals from all corners of Whispering Woods sought his advice and assistance. Whether it was finding lost items, settling disputes, or just sharing wisdom, Oswald was always ready to lend a wing.

One chilly winter evening, as the snowflakes drifted lazily down from the sky, a loud commotion broke the peaceful silence of Whispering Woods. Oswald hurried to investigate and found a group of frantic rabbits near the frozen pond.

"What's wrong?" Oswald asked, his eyes scanning the scene.

"Our friend Snowflake is stuck on the ice, and we can't reach her," one of the rabbits explained, pointing to a small white rabbit struggling on the slippery surface.

Without hesitation, Oswald swooped down to the edge of the pond. He carefully tested the ice with his talons, ensuring it was safe to walk on. With steady steps, he made his way towards Snowflake, his wings spread wide for balance.

"Don't worry, Snowflake. I'm here to help," Oswald called out reassuringly.

Snowflake looked up, her eyes wide with fear. "O-Oswald, I'm scared. I can't move!"

"You're going to be alright," Oswald said calmly as he reached Snowflake's side. "I'll guide you back to safety."

Gently, Oswald helped Snowflake onto his back and slowly glided across the ice. The other rabbits cheered as they reached solid ground, safe and sound.

"You did it, Oswald!" Nutmeg exclaimed, her tail flicking happily. "You're our hero!"

Oswald blushed modestly, his feathers ruffling with pride. "I'm just glad Snowflake is safe," he replied, his voice warm.

As the seasons changed and Whispering Woods bloomed with new life, Oswald continued to watch over his forest friends with wisdom and kindness. He taught the young animals about the stars that twinkled in the night sky and the secrets hidden in the rustling leaves.

One starry night, as Oswald perched atop his oak tree hollow, gazing at the moonlit landscape below, Nutmeg approached him with a smile.

"Oswald, will you tell us a story tonight?" Nutmeg asked, her eyes bright with anticipation.

Oswald hooted softly, his voice carrying across the quiet forest. "Of course, my friends. Gather 'round, and I'll tell you the tale of the Moonlit Owl and the Lost Constellation..."

And so, beneath the canopy of Whispering Woods, Oswald the Wise Owl shared his stories and wisdom with generations of animals, forever cherished as the guardian and friend of the enchanted forest.

Oswald le Hibou Sage

Au cœur des Bois Murmureurs, où les grands arbres chuchotaient des secrets dans la brise et où la lumière de la lune dansait à travers les feuilles, vivait Oswald, le hibou le plus sage que l'on puisse rencontrer. Oswald n'était pas un hibou ordinaire ; il avait un esprit vif et un don pour résoudre des mystères qui déroutaient même les créatures les plus intelligentes de la forêt.

La maison d'Oswald était une caverne confortable dans un vieux chêne, perché haut au-dessus du sol forestier. La caverne était tapissée de mousse douce et ornée de bibelots qu'Oswald avait collectés au fil des ans : des pierres brillantes, des plumes d'oiseaux rares, et même un petit télescope taillé dans du bois de gland. De son perchoir, Oswald pouvait voir toute la forêt, du ruisseau babillard aux montagnes lointaines.

Un matin d'automne frais, alors qu'Oswald était perché à l'extérieur de sa caverne, observant la forêt en dessous, il remarqua une agitation près du Grand Chêne. Des animaux de toutes sortes étaient rassemblés en cercle, bavardant avec excitation.

Curieux, Oswald déploya ses ailes et plana pour enquêter. "Que se passe-t-il ici ?" hulula-t-il doucement en atterrissant gracieusement parmi la foule.

"C'est un mystère, Oswald," couina Noisette l'écureuil, sa queue touffue frétillant d'anticipation. "Quelqu'un a caché notre réserve de glands, et nous ne pouvons pas la trouver !"

Oswald fronça les sourcils pensivement. Une réserve de glands disparue était en effet un mystère troublant. Il scruta le sol de ses yeux perçants, cherchant des indices. À proximité, il repéra une trace de petites empreintes menant vers un buisson.

"Hmm," murmura Oswald en se caressant le menton plumeux. "Suivons ces empreintes. Elles pourraient nous mener au coupable."

Noisette et les autres animaux acquiescèrent avec enthousiasme, et ensemble, ils suivirent Oswald à travers la forêt, traçant les pas. Le sentier serpentait à travers les buissons, passant près de la prairie où les papillons voletaient paresseusement au soleil, et dans un buisson de baies.

"Là !" s'exclama Oswald doucement, pointant du talon une petite silhouette recroquevillée derrière un buisson de framboises.

Se penchant derrière le buisson se trouvait une petite souris nommée Milo, ses vibrisses tremblant nerveusement. "J-je ne voulais pas prendre les glands," couina-t-il, sa voix à peine audible. "J'avais tellement faim, et ils avaient l'air si appétissants..."

Oswald s'approcha de Milo calmement, ses yeux doux mais fermes. "Prendre sans demander n'est pas juste, Milo," dit-il gentiment. "Mais je comprends ta faim. Trouvons un moyen de partager les glands pour que tout le monde puisse en avoir assez à manger."

Milo hocha la tête avec gratitude, soulagé qu'Oswald ne soit pas en colère contre lui. Ensemble, ils rassemblèrent les glands cachés et les ramenèrent au Grand Chêne. Les animaux acclamèrent tandis qu'Oswald distribuait équitablement les glands parmi eux, veillant à ce que chacun soit rassasié.

"Merci, Oswald," dit Noisette, ses yeux pétillants de gratitude. "Tu es vraiment le hibou le plus sage des Bois Murmureurs."

Avec un sourire humble, Oswald hocha la tête. "Il est important de s'entraider et de résoudre les problèmes ensemble," répondit-il.

À partir de ce jour-là, Oswald devint le résolveur de problèmes de la forêt. Les animaux de tous les coins des Bois Murmureurs recherchaient ses conseils et son aide. Que ce soit pour retrouver des objets perdus, régler des disputes, ou simplement partager sa sagesse, Oswald était toujours prêt à prêter une aile.

Un soir d'hiver frais, alors que les flocons de neige tombaient paresseusement du ciel, un grand tumulte rompit le silence paisible des Bois Murmureurs. Oswald se précipita pour enquêter et trouva un groupe de lapins frénétiques près de l'étang gelé.

"Que se passe-t-il ?" demanda Oswald, ses yeux parcourant la scène.

"Notre amie Flocon est coincée sur la glace, et nous ne pouvons pas l'atteindre," expliqua l'un des lapins, désignant une petite lapine blanche se débattant sur la surface glissante.

Sans hésitation, Oswald fondit vers le bord de l'étang. Il testa soigneusement la glace avec ses serres, s'assurant qu'elle était sûre. Avec des pas prudents, il se dirigea vers Flocon, ses ailes déployées largement pour l'équilibre.

"Ne t'inquiète pas, Flocon. Je suis là pour t'aider," appela Oswald d'un ton rassurant.

Flocon leva les yeux, ses yeux écarquillés de peur. "O-Oswald, j'ai peur. Je ne peux pas bouger !"

"Tout ira bien," déclara Oswald calmement en aidant doucement Flocon sur son dos et glissant lentement sur la glace. Les autres lapins applaudirent lorsqu'ils atteignirent la terre ferme, sains et saufs.

"Tu l'as fait, Oswald !" s'exclama Noisette, sa queue frétillant joyeusement. "Tu es notre héros !"

Oswald rougit modestement, ses plumes s'effleurant de fierté. "Je suis juste content que Flocon soit saine et sauve," répondit-il, sa voix chaleureuse.

Alors que les saisons changeaient et que les Bois Murmureurs fleurissaient d'une nouvelle vie, Oswald continua de veiller sur ses amis de la forêt avec sagesse et gentillesse. Il enseignait aux jeunes animaux les étoiles qui scintillaient dans le ciel nocturne et les secrets cachés dans le bruissement des feuilles.

Une nuit étoilée, alors qu'Oswald était perché sur le seuil de sa caverne de chêne, regardant le paysage éclairé par la lune ci-dessous, Noisette s'approcha de lui avec un sourire.

"Oswald, nous raconteras-tu une histoire ce soir ?" demanda Noisette, ses yeux brillants d'anticipation.

Oswald hulula doucement, sa voix portant à travers la forêt silencieuse. "Bien sûr, mes amis. Rassemblez-vous, et je vous raconterai l'histoire du Hibou au Clair de Lune et de la Constellation Perdue..."

Et ainsi, sous la canopée des Bois Murmureurs, Oswald le Hibou Sage partagea ses histoires et sa sagesse avec des générations d'animaux, toujours chéri comme le gardien et l'ami de la forêt enchantée.

www.ingramcontent.com/pod-product-compliance
Lightning Source LLC
Chambersburg PA
CBHW051356150726
48000CB00003B/1204